도미솔 박미희의 김치 이야기

제주 김치

제주 김치

탐라의 감칠맛

도미솔 박미희의 김치 이야기

박미희 지음

design **house**

들어가며

"밀감 향기 풍겨 오는 가고 싶은 내 고향. 700리 바다 건너 서귀포를 아시나요?" 내 나이 20대. 육지에 홀로 나와 돈을 벌면서 힘든 일이 있을 때면 나는 조미미의 명랑한 이 노래 '서귀포를 아시나요'를 흥얼거리곤 했다. 바다 건너 서울에 있으면서도 나에게 제주도는 언제라도 돌아가고 싶은 곳이었다.

까만 돌에 하얀 파도가 부서지는 섬. 눈부시게 드넓은 서귀포 앞바다와 포근한 한라산 자락. 그 한라산 줄기의 서귀포 동홍리 어느 과수원집에서 나는 자랐다. 나를 키운 것은 제주의 바람과 흙을 먹고 자란 채소들이었으니 예순을 훌쩍 넘긴 지금도 제주의 맛이 당기는 것은 어쩔 수 없는 마음이다.

지금이야 사계절 내내 맛있는 식재료들이 지천으로 깔려 있지만, 어린 시절만 해도 맛있는 먹거리가 참 귀했다. 특히 내가 살던 제주도는 더 그랬다. 돌이 많고 물이 귀한 땅이라 그때그때 제철 식재료를 이용해 맛있는 밥상을 차리는 것이 참 중요한 시절이었다. 그래서일까. 이제는 제철이라는 이름이 무색하도록 모든

것이 풍요롭지만 나는 아직도 계절의 감각을 살려 밥상을 차리는 것이 좋다. 겨울의 끝자락에 만나는 향긋한 유채, 봄바람이 스며든 달래, 어머니 생각이 나는 배추꽃대. 제주에서만 먹을 수 있었던, 동홍리 우리 집의 옛 김치들.

김장 문화가 유네스코 문화유산에 등재되고, 김치의 우수성이 세계적으로 널리 알려지면서 김치에 대한 관심도 높아졌다. 새로운 식재료들로 만드는 다양한 김치 레시피도 개발되고 있다. 나도 김치를 만들어 판매하고 있지만, 아쉬운 것은 이제 집마다 김치 맛이 다르지 않다는 것이다. 내 손주들은 아마 '김장'을 박물관에서나 볼 수 있는 문화로 여기지 않을까. 식재료는 다양해졌지만 오히려 김치 맛은 한가지가 되어 가는 것 같아 적잖이 아쉽다.

먹을 게 없었던 1960년, 1970년대. 언제나 배가 고팠던 어린 시절, 김치는 정말 맛있고 소중한 음식이었다. 지금은 슈퍼마켓에만 가도 다양한 식재료가 그득하다. 이렇듯 풍부한 재료가 널려 있는 이 시대에 김치를 담그는 일이 행복하다. 엄마가 담그던 김치를 다시 만들다 보면 그 옛날 과수원집의 기억이 함께 솟아나 마음이 설레고, 어느새 돌아가신 엄마보다 나이 든 내가 추억 속 재료들로 새로운 김치를 담그면 스스로가 기특한 기분이 든다.

전통 제주 김치와 제주 식재료로 만든 김치를 소개하는 나의 이 작은 노력이 우리의 김치 맛을 더 다양하게, 김치 문화를 더 풍부하게 하는 데 보탬이 되리라 믿는다.

차례

006 들어가며
010 추억 속 제주 김치
012 재료 준비하기

PART 1 검은 화산토 대지가 준 김치

CHAPTER 1 놈삐와 뿌리채소 김치

028 놈삐김치
030 무말랭이김치
032 뎅유지동치미
034 깍두기
036 놈삐자박김치
038 양배추당근김치
040 브로콜리당근겉절이
042 더덕김치
044 빼데기김치

CHAPTER 2 이파리와 줄기로 담는 김치

048 갯나물김치
050 깻잎김치
052 퍼데기김치
054 메밀죽백김치
056 패마농김치
058 세우리김치
060 동지김치
062 보리죽차마기김치
064 브로콜리김치
066 구억배추김치

068 제주 짐치? 제주 김치?

PART 2 한라산과 오름이 준 김치

CHAPTER 1 산야초 김치
- 074 돌미나리김치
- 076 갯기름나물김치
- 078 돌나물물김치
- 080 유채꽃물김치
- 082 꿩마농김치
- 084 조선오이꿩마농김치

CHAPTER 2 과일 김치
- 088 뎅유지물김치
- 090 밀감김치
- 092 유채밀감겉절이
- 094 꿩마농사과겉절이
- 096 **김치 맛내기 비결**

PART 3 제주 바당이 준 김치

CHAPTER 1 생선 김치
- 102 옛날조기김치
- 104 갈치김치
- 106 자리물김치
- 108 멜김치
- 110 제주문어김치
- 112 해산물복주머니김치

CHAPTER 2 해조와 패각류 김치
- 116 성게알김치
- 118 오분작겉절이
- 120 전복김치
- 122 뿔소라김치
- 124 몸김치
- 126 갱이김치
- 128 제주보말겉절이
- 130 **제주 옹기와 김치**

132 나오며

추억 속 제주 김치

환상의 섬, 제주. 제주도가 지금이야 휴가에 가고 싶은 멋진 휴양지이지만, 그 옛날 제주도는 참으로 척박하고 생활이 고되었다. 먹거리가 없는 땅에서 가족들의 생계를 책임지다 보니 제주도의 여자들은 더욱 억센 삶을 살았다. 하루 내내 바다에서 물질을 하는 해녀들도, 집 뒤의 우영밭(텃밭)이나 오름에서 밭일을 하는 어멍들도 밥상에 무엇을 올릴지가 언제나 고민이었다. 바릇잡은(바다에서 잡은) 해산물이며, 산에서 따온 노물(나물)이며 모든 것이 먹거리가 되고, 그것들이 다 김치가 되었다.

제주는 육지와 달리 겨울에도 싱싱한 채소를 쉽게 구할 수 있고, 땅도 얼지 않아 겨울 김장을 많이 하지 않았다. 섬이라는 특징 때문에 김치에 젓갈을 듬뿍 넣을 것 같지만, 따뜻한 날씨에 김치가 빨리 쉴 수 있어 젓갈도 많이 사용하지 않았다. 고추 농사가 되지 않으니 고춧가루도 많이 쓸 수 없었다. 내 어린 시절만 해도 제주에는 좋은 결구배추가 거의 없었다. 잎이 파란 퍼데기배추로 막김치를 담거나 배추속에 올라 온 꽃대를 꺾어다 동지김치를 담가 여름내 먹고는 했다.

제주도는 화산섬이다 보니 물이 지층에 고이지 않고 빠져나간다. 제주에서 자란 채소들은 스스로 살아남기 위해 물을 잔뜩 머금는다. 그래서 제주 배추는 육지 것보다 물이 많다. 제주무가 전국에서 가장 유명한 것도 이 때문이다. 이렇듯 제주의 채소들은 수분이 많고, 해양성 기후에서 자라 떫고 쓴맛이 약하기 때문에 제주 사람들은 이 점을 이용해 다양한 김치들을 담갔다. 수분 많은 배추를 오래 저장하기 위해 바닷물로 절임을 하기도 하고, 다양한 산야초들을 김치에 활용하기도 했다.

김치를 만드는 법은 단순하다면 참 단순하다. 기본이 되는 주재료가 있고, 다양한 곁들임 채소와 양념을 더해 맛을 낸다. 날씨와 기후에 따라 숙성을 어떻게 할 것인지, 그에 따라 소금과 젓갈을 얼마나 쓸 것인지가 관건이다. 제주에서 사랑받는 멜젓(멸치젓)은 대한민국 팔도 어디에서나 김치를 담글 때 가장 많이 쓰는 재료이고 새우젓, 조기젓, 황새기젓(황석어젓)도 전국에서 공통적으로 쓴다. 다만 제주도 김치라고 하면, 제주 앞바다에서 잡힌 다양한 생선들로 젓갈을 담근 뒤 다시 한번 달여서 맑은 국물을 내어 더 깔끔하게 이용하는 것이 특징이다. 우리 집에서는 자리젓 달인 국물을 사용하곤 했으며, 양반가의 여식이었던 어머님은 물려받은 가르침대로 잘 손질된 조기로 육수를 내어 김치를 담기도 했다.

또 제주의 산야 어디에서나 쉽게 찾을 수 있는 갯나물(갓), 꿩마농(달래), 놈삐(무), 동지(배추꽃대), 방풍(갯기름나물) 등을 활용한 김치도 빼놓을 수 없다. 집 앞 돌담 어디에서나 절로 자라나는 산야초들을 이용한 제주의 김치는 무척 소박했다. 찹쌀풀을 주로 쓰는 육지와 달리, 제주도에서는 흔한 메밀과 보리, 조를 이용해 풀을 쑤는 것도 빼놓을 수 없는 제주 김치의 특징이다.

척박한 환경에서도 어머니는 지슬(감자)을 넣은 보리밥을 푸짐히 지어, 독새기(달걀)와 함께 양푼에 밥을 한가득 담아 색색의 김치들과 함께 맛있는 한 상을 차려내셨다. 꼭 우리 어머니만 그랬을까. 제주의 모든 어멍들의 지혜였을 것이다.

재료 준비하기

① 주재료

- 배추
- 무
- 갓

● 배추

배추는 2.5~3kg 정도 크기로 속이 꽉 차고 잎이 통통하며 아삭하고 단맛이 나는 것이 좋다. 제주가 본고장인 월동배추는 전남 해남산이 우수하고 평지에서 배추가 자라기 어려운 하절기에는 강원도 고랭지에서 생산되는 배추를 주로 쓴다.

배추 절임 시간은 배추의 크기와 상태, 계절, 기온, 소금의 양 등에 따라 다르지만 대체로 가을 김장철엔 8시간, 여름철엔 4시간 정도가 기준이다. 상품성을 높이기 위해 초록색 겉잎을 많이 따내 버리지만 영양학적으로는 초록 잎을 많이 남기는 것이 좋다.

원산지는 중국이며 지금같이 속이 꽉 찬 결구배추는 1954년 우장춘 박사가 한국 토착 배추와 중국 배추를 교잡하여 개발한 것이 시초다. 제주도 서귀포시 구억리에서 잎줄기가 길고 비결구 형태를 갖는 토착형 품종이 발견되어 등록되었고 이와는 약간 다른 퍼데기배추 역시 토종으로 알려져 있다.

● 무

김치용으로 쓸 무는 1.2~1.5kg 정도 크기에 단단한 것이 좋다. 단맛과 매운맛이 조화를 이룬 것으로 골라야 하고, 구입했을 때 곧바로 무청을 떼 내어야 바람 드는 것을 막을 수 있다.

봄무는 전남, 경남 등 따뜻한 남부 지방에서, 여름무는 지대가 높고 기온이 서늘한 강원도 고랭지에서, 가을무는 전국적으로 생산되며 겨울 월동무는 대부분 제주도에서 생산되어 전국적으로 유통된다.

품종으로는 조선무, 대형 봄무, 총각무, 소형무, 열무 등이 있는데 배추김치에는 조선무를 양념용으로 쓴다. 단맛과 아삭한 식감을 주고 미생물 발효에 도움을 주며 수분 및 염도를 조절해 준다. 최근에 나온 무 품종인 천수무는 조선무 계통으로 동치미와 배추속용으로 인기다.

● 갓

갓은 겨잣과에 속하는 채소로 우리나라에는 크게 네 가지의 품종이 있다. 청갓, 반홍갓, 홍갓, 돌산갓으로 알려진 개량종 큰 갓이다. 돌산갓은 일제강점기 당시 일본인들이 가져 와 재배한 갓이 점차 개량되면서 현재와 같은 품종으로 정착한 것이다. 김치용으로는 붉은색이 나는 홍갓이나 반홍갓이 좋고 동치미나 백김치에는 청갓을 주로 사용한다. 순수 갓김치용으로는 잎이 넓고 쌉쌀한 맛과 적당히 톡 쏘는 맛이 있는 돌산갓을 주로 쓴다.

갯나물 또는 똘갓이라 부르는 제주 갓은 톡 쏘는 매운맛과 독특한 향이 특징이다.

● 열무

열무는 다른 김치의 재료로 사용하기도 하고 자체로 열무김치를 담기도 한다. 부드럽고 잎이 너무 크지 않으며 빛깔이 좋은 싱싱한 것을 골라야 한다. 주로 잎을 이용하므로 무가 가늘고 잘면 그대로 쓰고, 크면 절반 갈라서 이파리에 달린 채 사용해도 좋다. 열무를 지나치게 주무르면 풋내가 날 수 있으므로 살살 다뤄야 한다.

● 쪽파

쪽파는 다른 김치에 부재료로 넣기도 하고 그 자체로 파김치를 담기도 한다. 머리 부분이 통통하고 흰 부분이 길며 줄기가 연한 것이 좋으며 파김치용으로는 길이가 짧은 것을, 배추김치와 양념용으로는 긴 것을 쓴다. 쪽파김치를 담글 때 줄기 끝을 살짝 잘라 내면 쓴맛을 막을 수 있다. 대파는 미끈거리는 질감과 투박한 모양 때문에 김치에 넣기보다 자체로 대파김치를 담는 경우가 많다. 길이가 짧은 파는 전남 보성이, 긴 파는 충남 예산이 대표 산지다.

● 부추

부추는 그 자체로 부추김치를 담기도 하고 오이소박이나 배추김치의 속 재료로 많이 사용한다. 지나치게 길면 질기고 매운맛이 강한 경우가 많으므로 짧고 통통하며 싱싱한 것을 골라 쓴다. 충청도와 전라도에서는 솔, 경상도에서는 정구지라 부르는데 제주도에는 세우리라고 부르는 쪽파와 유사한 부추가 있다.

● 미나리

미나리는 통통하고 연하며 잎이 풍성하고, 싱싱하여 향기가 좋은 것을 골라야 한다. 여름에는 질기고 독해서 김치에 미나리를 잘 넣지 않으며 주로 김장김치에 넣는데 이파리를 떼어 내고 줄기 부분을 적당한 크기로 잘라 쓴다. 미나리를 넣으면 김치가 빨리 시어지므로 따뜻한 남쪽 지역에서는 미나리를 잘 사용하지 않았으나 서울, 경기 지역에서는 김치에 필수적으로 미나리를 넣고 담갔다. 물이 잠기는 미나리꽝에서 자란 것은 속대에 거머리와 같은 벌레가 들었을 수 있으므로 잘 세척해야 한다.

② 양념 재료 / 소금 / 생강 / 마늘 / 풀 / 고춧가루

● 마늘

원산지는 중앙아시아로 일찍 이집트와 유라시아 대륙으로 퍼져 나갔다. 현재 전 세계 마늘의 80%가 중국에서 생산된다. 마늘은 독특한 향과 더불어 감칠맛과 단맛이 있으며 항균 작용을 하는 반면, 잡균의 번식을 막아 김치의 저장성을 높여 준다. 그러나 너무 많이 넣으면 자극적인 맛과 향의 원인이 되고 군내가 나기 쉬우므로 적당량을 넣어야 한다. 보통 배추 2.5kg 정도에 다진 마늘 한두 큰술 정도를 넣으며 동치미나 백김치 등에는 저미거나 통째로 넣는다. 풋마늘 역시 김치와 장아찌의 재료로 많이 쓴다.

● 생강

전북 완주군 봉동과 충남 서산이 주요 생산지다. 생강은 김치에 들어가서 젓갈 비린내를 잡아 주고 항균 작용을 한다. 섬유질이 적고 수분이 많으며 고유의 향이 강한 것이 좋다. 많이 넣으면 김치에서 쓴맛이 나게 되므로 마늘 양의 20% 정도만 넣는 것이 좋다. 보통 다져서 김치 양념에 넣는데 미리 다지지 말고 양념을 만들기 직전에 다져 쓰는 것이 맛과 향을 더 좋게 한다. 백김치에는 다지지 않고 채나 편으로 잘라 넣는다.

● 양파

양파는 원래 전통적인 김치의 재료가 아니었으나 김치 공장들이 원가 절감과 당도 보완을 위해 사용하면서 김치에 들어가기 시작했다. 단맛을 주는 재료로 지나치게 매운 양파는 쓰지 않는 것이 좋다. 싹이 트지 않고 눌러 봐 조직이 탄탄하게 느껴지는 싱싱한 것을 고른다. 보통 다지거나 갈아서 양념에 넣어 사용하며 물김치에는 원형으로 가늘게 채 썰어 넣는다.

● 굴

알이 너무 굵은 것은 비린내가 나거나 쉽게 흐물거릴 수 있으므로 중간 것을 쓴다. 모양이 잘 유지되고 탱탱하게 탄력이 있는 신선한 것을 골라야 하며 껍질 같은 이물질이 들어가지 않도록 철저히 신경 써야 한다. 영양이 풍부할 뿐 아니라 김치에 넣으면 고유의 향과 함께 시원한 맛을 내 준다.

● 풀

곡물로 만든 풀은 당으로 변화하여 유산균의 먹이가 되고 양념이 잘 붙어 있게 하고 빨리 시어지는 것을 막아 주는 기능을 한다. 가정에서는 주로 찹쌀로 풀을 쑤어 넣지만 보리와 같은 다른 곡물이나 밀가루로 만들기도 한다. 하절기에 담는 김치에는 넉넉히 넣고 동절기 김치에는 양을 줄인다.

● 고추

원산지는 열대 중남미 지역이며 우리나라에는 임진왜란 전후에 도입된 것으로 알려져 있다. 고추 산지는 경북 안동과 영양, 전남 해남과 영광, 전북 고창 그리고 충북 괴산 지역이 유명하다. 김치를 상징하는 대표적인 재료로 색을 내는 시각적 효과와 함께 잡균을 제어해서 빨리 시는 것을 막는 등 기능적으로도 매우 중요하다. 색이 곱고 과육이 두터우며 매운맛이 적당하고 단맛이 있는 것이 김치 양념으로 쓰기에 좋다. 김치에 넣는 고춧가루는 지나치게 곱게 간 것보다는 약간 거친 듯하게 간 것이 좋은데 기호에 따라서는 두 가지를 적당히 섞어 넣기도 한다.

● 소금

소금은 햇빛과 바람으로 바닷물을 건조해 만드는 천일염(토판염과 장판염), 천일염을 물에 녹인 후 불순물을 제거한 뒤 다시 가열하여 재결정시킨 재제염(꽃소금), 죽염과 같이 굽거나 녹여 만드는 용용소금·태움, 99% 이상 순수 염화나트륨으로 만든 정제염(한주소금), 조미료와 같은 첨가물을 넣은 가공소금으로 구분한다. 가정에서 김치를 담을 때는 보통 3년 이상 간수를 빼 쓴맛과 이물질이 제거된 천일염을 쓰는데 알이 굵고 물기가 없으며 색이 맑은 것이 좋다. 소금은 김치를 비롯한 모든 음식 맛의 출발점이자 미생물 제어의 원천이므로 좋은 것으로 골라 적당한 양을 써야 한다.

③ **기타 재료**

● 모자반
해조류로 칼슘이 풍부하고 열량이 낮아 다이어트에 도움이 되는 건강식품이다. 전라도에서 몰 또는 참몰, 경상도에서는 모재기, 제주도에서는 몸이라고 부른다. 얕은 해변에서 채취하여 한 번 데친 후 말렸다가 쓰거나 생으로 요리하기도 한다. 제주 대표 향토음식 중 하나인 제주 몸국의 재료로 유명하다.

● 고둥
제주도에서는 고메기(개울타리고둥), 문데기보말(눈알고둥), 먹보말(구멍밤고둥), 매옹이, 수두리보말 등 바다 고둥류를 통칭해 보말이라고 한다. 주로 바닷가의 바위에 붙거나 이동하며 서식하므로 썰물 때 갯바위나 돌 틈에 다닥다닥 붙어 있는 것을 볼 수 있다. 단백질이 풍부한 식재료로 제주도에서는 주로 국에 넣거나 죽을 끓여 먹는데 맛이 담백하고 고소하여 인기가 많다.

● 조기
예로부터 우리 민족 밥상의 대표 어종 중 하나로 "서해안의 조기, 남해안의 멸치, 동해안의 명태"라는 말이 있듯 서해가 주 서식지이자 어획지다. 고단백, 저칼로리, 저지방의 고급 어종으로 맛이 좋을 뿐 아니라 영양 가치가 매우 높고 동의보감에 따르면 입맛을 돌게 하고 기운을 더하는 것은 물론 소화를 돕는 효능이 있다. 조기는 그 자체로 김치에 넣거나 젓갈로 만들어 넣어 사용하기도 한다.

● 게
제주 방언으로 갱이 또는 겡이, 깅이라고도 한다. 큰 꽃게가 아니라 바위틈이나 바위에서 사는 방게를 말한다. 주로 죽을 쑤어 먹는다.

● 당유자
제주에서만 자생하는 토종 유자로 제주도에서는 뎅유지라 부른다. 일반 유자에 비해 크고 쓴맛이 강한 데다 감귤에 밀려 점차 사라져 가고 있지만 예전 제주 사람들은 감기에 걸리면 대추와 함께 푹 끓여 약으로 썼을 만큼 귀한 과일이었다.

● 밀감
귤, 감귤, 밀감 등으로 불리며 원산지는 중국 남부 지방이며 일본에서 많은 품종이 육종되었다. 아열대성 과일로 밀감의 일본어 발음인 '미깡'이 지역 방언처럼 사용될 만큼 제주도를 대표하는 과일이며 생과일로 먹는 것 외에 다양한 가공식품의 재료로 활용된다.

④ 젓

멸치젓
새우젓
갈치속젓
자리젓
빽빽이젓

젓은 김치에서 깊은 감칠맛을 내는 원천이자 김치 정체성의 핵심이다. 채소를 소금, 식초, 장에 절인 식품은 여러 민족에서 볼 수 있지만, 동물성 발효식품인 젓을 넣어 감칠맛과 동물성 영양분을 함께 얻을 수 있는 식품은 한민족의 김치뿐이다.

● 멸치젓
멸치젓은 모든 젓갈류 중에서 한국인이 좋아하는 감칠맛의 성분인 아미노산의 함량이 가장 많은 것으로 알려져 있다. 전라도와 경상도, 남해안 지역 김치의 맛이 깊은 것은 멸치젓을 많이 넣어 김치를 담가 왔기 때문이다. 다만 완전하게 숙성되지 않으면 비린내가 나기 때문에 그 향에 익숙하지 않은 사람들에게는 불편하게 느껴질 수 있다. 따라서 멸치로 김치를 담는 경우 육질이 완전히 분해되고 숙성이 잘된 것을 써야 한다. 생젓(육젓)과 액젓을 모두 쓸 수 있으며 액젓은 완전히 숙성되어 맑은 황금색을 띠면서 고유의 향미를 내는 것이 좋다. 제주도에서는 멜젓이라고 부르며 추자도, 기장, 곰소를 비롯한 남해안 일대가 주산지다.

● 새우젓
오늘날 김치에 멸치젓과 함께 가장 많이 사용되는 젓의 하나로 특히 담백한 김치를 주로 담아 먹었던 중부, 이북 지역을 중심으로 서해안 권역에서는 고르게 새우젓을 사용해 왔다. 우리나라 젓갈용 새우의 65% 이상이 전장포가 있는 임자도 인근 해역에서 어획되며 그중 상당량이 광천, 강경, 소래 등 전국의 유명 젓갈 시장이 있는 지역으로 옮겨져 숙성 후 판매된다. 새우젓은 오젓, 육젓, 추젓, 동백하젓 등으로 다양하게 나뉜다. 하얗게 때깔이 좋고 살이 통통하며 시원한 맛이 나는 육젓을 최고로 치는데 워낙 가격이 높아 김치용으로는 오젓을 쓰기도 한다. 최근에는 새우액젓의 사용이 증가하는 추세다.

● 황석어젓
황새기젓이라고도 하며 오뉴월에 잡힌 황석어로 담는다. 독특한 향과 함께 구수한 맛이 좋아 서울을 비롯한 경기도와 충청도 지역에서 김치를 담을 때 많이 사용하는데 독특한 향취가 강해 최근에는 이들 지역에서도 멸치액젓을 사용하는 비중이 늘어나고 있다. 살을 발라 두고 뼈와 국물은 끓여 체에 받쳐 젓국으로 만들어 쓴다. 강화도, 군산, 서해안 일대가 주산지다.

● 까나리액젓
주로 충청도와 황해도 지역에서 오뉴월에 잡은 7~8cm 크기의 까나리로 담는다. 비타민B와 아미노산, 불포화지방산 등이 풍부하고 칼슘과 타우린도 함유되어 있다. 깊은 맛은 멸치젓보다 덜하지만 비린 맛이 덜해서 김치에 많이 쓴다. 김장 김치는 물론 가볍게 먹는 여름 김치에도 좋다. 대천, 보령, 백령도 지역이 주산지다.

● 기타 젓갈
지역별 조달의 용이성이나 집안과 개인의 기호에 따라 갈치속젓, 굴젓, 밴댕이젓, 자리젓, 조기젓 등 다양한 젓갈이 김치에 사용된다.

⑤ 김치풀 쑤기

(모든 레시피는 100g 기준이며, 알갱이가 씹힐 정도로 거칠게 갈아 쑬 경우 풀이 아닌 죽으로 표기)

● 메밀풀

거피한 메밀을 씻어서 20g에 물 200ml를 붓고 풀을 쑨다. 끓을 때까지는 센불에서, 끓기 시작하면 약불에서 서서히 저어 가며 끓여 부드러운 풀이 되면 불을 끄고 식혀 둔다.

제주도에서는 메밀을 1년에 두 번 수확한다. 가을 메밀꽃은 육지에서도 볼 수 있지만 5월에도 메밀꽃을 볼 수 있는 곳은 제주뿐이다. 옛 어른들 말에 따르면, 고려시대에 몽골인들이 탐라총관부를 설치하고 제주 사람들의 억센 기질을 억누르기 위해 메밀 농사를 짓게 했다고 한다. 메밀의 찬 성질이 기력을 쇠하게 한다고 믿었기 때문이었다. 유래야 어찌 되었든 쌀농사가 어려운 제주에서 메밀은 보리와 더불어 귀한 구황작물이 되었다. 메밀과 무로 만드는 빙떡은 제주 사람들에겐 빼놓을 수 없는 간식거리이며, 메밀풀을 넣은 김치는 시원하고 담백한 맛이 난다.

● 차조죽

깨끗이 씻은 차조 20g에 물 200ml를 붓고 죽을 쑨다. 끓을 때까지는 센불에서, 끓기 시작하면 약불에서 서서히 저어 가며 끓여 부드러운 죽이 되면 불을 끄고 식혀 둔다.(기장풀도 동일)

쌀이 귀한 제주에서는 좁쌀을 주된 곡식으로 사용했다. 특히 '흐린좁쌀'이라고 하는 검은색 차조가 흔했는데 나중에 차조 값이 오르면서는 찹쌀을 섞어 좁쌀떡으로 만들었다고 한다. 그것이 요즘 관광객들이 제주도에 방문하면 하나씩 사오는 오메기떡이다. 좁쌀죽을 김치에 넣으면 자리젓이나 멜젓과 어우러져 깊은 맛이 나고, 톡 쏘는 탄산감이 많이 생겨 익을수록 시원한 맛의 김치가 된다.

● **보리죽**

깨끗이 씻어 불린 보리쌀 20g에 물 200ml를 붓고 죽을 쑨다. 끓을 때까지는 센불에서, 끓기 시작하면 약불에서 서서히 저어 가며 끓여 부드러운 죽이 되면 불을 끄고 식혀 둔다.

보리는 제주도의 가장 중요한 식량 자원이다. 쌀이 귀한 제주도에서 밥이라고 하면 모두 보리를 넣는 것이 기본이었다. 가파도의 청보리밭이 가장 유명하지만, 제주도의 어느 곳에서든 쉽게 볼 수 있는 것이 파란 보리밭이다. 풀을 만들기도 아깝던 시절에는 김치에 식은 보리밥을 득득 갈아 넣고는 했다. 우리 집은 보리 밥알째로 죽을 쑤어 김치에 넣었는데, 이렇게 김치를 담그면 오래 두고 먹어도 김치에 감칠맛이 생기고 톡 쏘는 맛이 일품인 맛있는 김치가 된다.

⑥ **기본양념 준비하기**

- **고춧물** : 물 1,000ml, 다진 마늘 20g, 다진 생강 30g, 고운 고춧가루 20g, 소금 30g을 모두 더하여 베보자기에 걸러 두고 사용한다.
- **다진 생강** : 생강과 물을 1 : 1 비율로 합해 곱게 갈아 둔다.
- **씨 고춧가루** : 마른 고추를 씨째로 굵고 거칠게 빻은 것.
- **굵은 고춧가루** : 씨를 빼고 굵게 빻은 것.
- **고운 고춧가루** : 씨를 빼고 고추장용처럼 곱게 빻은 것.

PART 1

검은 화산토

대지가 준 김치

JEJU KIMCHI

CHAPTER 1

놈삐와 뿌리채소 김치

놈삐김치

무말랭이김치

뎅유지동치미

깍두기

놈삐자박김치

양배추당근김치

브로콜리당근겉절이

더덕김치

빼데기김치

놈삐김치 무김치

재료 제주 토종무 800g(소금 30g), 쪽파 30g

양념 보리죽 70g, 멸치육젓 15g, 자리젓 달인 국물 15ml, 씨 고춧가루 8g, 굵은 고춧가루 15g, 다진 마늘 20g, 다진 생강 10g, 다진 양파 10g, 설탕 5g

담그는 법

1. 제주 토종무는 무청째로 다듬어 무에 길이로 십자 칼집을 넣어 2시간 정도 절인 후에 헹궈 건진다.
2. 분량의 보리죽에 양념의 재료들을 모두 섞어서 절인 토종무와 쪽파를 넣어 버무려 완성한다.

더 알아보기 놈삐는 무의 제주도 방언이다. 제주도는 물 빠짐이 좋고 토양 양분이 풍부한 화산토여서 무의 품질이 우수하다. 특히 겨울에도 온화한 기온으로 싱싱한 월동무를 구할 수 있어 무를 이용한 다양한 음식이 발달했다.

김치 생각 코끝이 에이는 추위가 끝나 갈 때면 생각나는 김치다. 가을에 담가 두었던 시금시금한 무김치. 겨우내 폭삭 익어 군내가 살짝 나는 무김치를 꺼내 물에 헹구어 둔다. 거기에 된장 조금, 멸치 몇 개를 넣고 지져 낸다. 비싸고 좋은 양념이 들어가거나 별다른 조리법이 있는 것은 아니지만 생각만 해도 입안에 군침이 돈다. 이 새금한 맛이 내게는 겨울과 봄 사이 최고의 미식이다. 아마도 내 나이 또래면 누구라도 경험해 봄 직하다. 내 딸들은 아마 너무 시었다며 몇 젓가락 못 먹을 테다.

무말랭이김치

재료 불린 무말랭이 200g, 풋마늘 90g

양념 메밀풀 20g, 자리젓 달인 국물 10ml, 굵은 고춧가루 15g, 다진 마늘 20g, 다진 생강 10g, 조청 20g, 진간장 10ml

담그는 법
1. 무말랭이는 물에 20~30분 불려 두고, 풋마늘은 4㎝ 길이로 썰어 둔다.
2. 메밀풀에 분량의 양념을 모두 섞은 후 무말랭이와 풋마늘을 버무려 완성한다.

김치 생각 제주 겨울무는 사탕처럼 달았다. 특히나 말릴수록 무가 더 달아졌다. 어릴적 어머니는 무를 썰어 아랫목에서 말린 뒤 무말랭이김치를 담아서 도시락 반찬으로 싸 주었는데 철판 도시락에는 보리밥, 무말랭이, 딱 두 가지뿐이었다. 요즘처럼 먹을 게 많은 시절에는 별볼일없지만, 나에겐 어머니가 그리워지는 추억의 반찬이다.

뎅유지동치미 당유자동치미

재료 무청이 달려 있는 제주무 1kg(소금 40g), 청갓 180g, 뎅유지 100g, 몸 20g

국물 기장풀 50g, 다진 마늘 10g, 다진 생강 40g, 다진 양파 40g, 소금 40g, 물 700ml

담그는 법
1. 제주무는 위에 청갓을 덮어 함께 소금에 3일간 절여 놓는다.
2. 뎅유지는 4등분하고, 청갓과 몸은 손가락 세 마디 정도 길이로 잘라 둔다.
3. 기장풀에 국물 재료를 섞어 베보자기에 걸러 둔다.
4. 절인 무, 청갓, 뎅유지, 몸을 그릇에 담고 국물을 부어 완성한다.

깍두기

재료　무 950g(소금 30g), 쪽파 20g
양념　차조죽 50g, 굵은 고춧가루 20g, 다진 마늘 10g, 다진 생강 5g, 새우젓 30g, 소금 10g, 설탕 10g

담그는 법
1. 무는 2.5㎝ 크기의 정육면체로 썰어 소금에 1~2시간 정도 절여 둔다.
2. 쪽파는 2㎝ 길이로 썰어 둔다.
3. 차조죽에 분량의 양념류를 모두 섞은 후 절인 무와 쪽파를 버무려 완성한다.

놈삐자박김치 무나박김치

재료 무 450g(소금 20g), 한치 45g, 대파 10g, 미나리 10g, 홍고추 10g
국물 메밀풀 100g, 고운 고춧가루 10g, 다진 마늘 5g, 다진 생강 5g, 소금 25g, 배즙 50ml, 물 100ml

담그는 법

1. 무는 길이로 반을 자른 뒤 0.5㎝ 두께로 어슷어슷 썰어 소금에 1~2시간 정도 절여 둔다.
2. 한치는 길게 채를 썰고 대파와 홍고추, 미나리는 5㎝ 길이로 채를 썰어 둔다.
3. 메밀풀에 분량의 국물 재료를 고루 섞어 베보자기에 거른 후 손질한 무와 한치, 대파, 미나리, 홍고추를 넣고 뒤섞어 완성한다.

양배추당근김치

재료 양배추 600g(소금 100g, 물 1,000ml), 당근 20g, 풋마늘 20g
양념 메밀풀 100g, 멸치육젓 10g, 굵은 고춧가루 10g, 다진 마늘 15g, 다진 생강 5g, 소금 10g

담그는 법
1. 양배추는 세로로 8등분하여 소금물에 30분~1시간 정도 절여 둔다.
2. 당근과 풋마늘은 4㎝의 길이로 가늘게 채썬다.
3. 분량의 양념류를 모두 섞은 후에 채 썬 당근과 풋마늘을 더해 소를 만든다.
4. 절인 양배추 잎의 사이사이에 소를 바르듯이 채워 완성한다.

브로콜리당근겉절이

재료 브로콜리 300g(소금 30g, 물 1,000ml), 당근 100g, 한치 100g, 사과 30g, 배 70g, 대파 흰 부분 10g

양념 메밀풀 120g, 새우젓 30g, 뻑뻑이젓(또는 꽁치젓) 10g, 굵은 고춧가루 20g, 다진 마늘 20g, 다진 생강 10g, 설탕 10g

담그는 법
1. 브로콜리는 소금물에 살짝 데치고, 당근은 어슷어슷 얇게 썰어 둔다.
2. 한치는 길게 채를 썰고, 사과와 배는 씨 부분을 제거하고 나붓하고 얇게 썰어 둔다.
3. 대파 흰 부분은 4㎝ 길이로 가늘게 채를 썰어 둔다.
4. 양념의 재료를 모두 섞어서 브로콜리와 당근, 한치, 사과, 배와 고루 버무리고 대파 채를 더해서 완성한다.

더 알아보기 뻑뻑이젓은 멸치와 꽁치를 섞어 만든 것으로, 젓갈 장인 김명수가 고안하여 특허를 받은 젓갈이다. 비린 맛이 없으면서도 풍미가 깊어 깔끔하면서 깊은 맛의 김치를 만들고 싶을 때 사용한다.

더덕김치

재료   더덕 500g(소금 30g, 물 200ml), 쪽파 50g, 홍고추 10g, 풋고추 10g

양념   기장풀 250g, 멸치육젓 100g, 자리젓 60g, 고운 고춧가루 25g, 다진 마늘 20g, 다진 생강 20g, 다진 양파 30g, 물엿 150g

담그는 법

1. 더덕은 껍질을 벗기고 나붓하게 썰어 소금물에 30분 정도 절인 후 냉수에 헹궈 꼭 짜 둔다.
2. 쪽파는 송송 썰고, 홍고추와 풋고추는 씨를 빼고 다져 둔다.
3. 멸치육젓과 자리젓은 곱게 다진 후에 나머지 양념들과 섞어 둔다.
4. 준비한 더덕에 분량의 양념을 더해 고루 버무리고, 송송 썬 쪽파와 홍고추, 풋고추를 섞어 완성한다.

빼데기김치 고구마말랭이김치

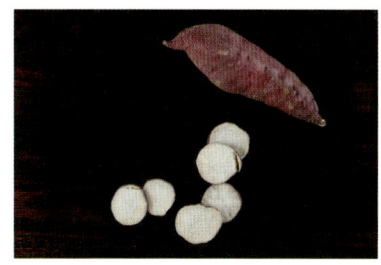

재료   빼데기 450g, 말린 귤 80g, 쪽파 100g, 통깨 10g

양념   진간장 100g, 다진 마늘 15g, 다진 생강 10g, 다진 양파 40g, 물엿 150g

담그는 법

1. 빼데기는 냉수에 씻어 둔다.
2. 쪽파는 3㎝ 길이로 썰어 둔다.
3. 분량의 양념을 섞어서 빼데기, 말린 귤과 버무리고 썬 쪽파를 더한 후에 통깨를 뿌려 완성한다.

더 알아보기   빼데기 또는 빼떼기는 생고구마를 원형 또는 타원형으로 얇게 썰어서 햇볕에서 딱딱하게 말린 것을 말한다. 간식으로 먹기도 하고 주정의 원료로도 이용되었다. 제주도에서는 고구마를 감저라고 하는데 감저는 메밀과 함께 대표적인 구황작물로 농지가 부족한 제주 사람들에게 귀중한 먹을거리로 사랑받았다.

CHAPTER 2

이파리와 줄기로 담는 김치

갯나물김치

깻잎김치

퍼데기김치

메밀죽백김치

패마농김치

세우리김치

동지김치

보리죽차마기김치

브로콜리김치

구억배추김치

갯나물김치 청갓김치

재료 청갓 800g(소금 30g)

양념 차조죽 100g, 갈치속젓 100g, 씨 고춧가루 20g, 굵은 고춧가루 20g, 다진 마늘 30g, 다진 생강 3g, 설탕 20g

담그는 법

1. 청갓은 깨끗이 다듬어 씻은 후에 분량의 소금으로 살짝 3시간 정도 후에 소쿠리에 건져 둔다.
2. 분량의 양념을 모두 섞은 후 절인 청갓과 버무려 완성한다.

더 알아보기 갯나물은 갓 또는 갓나물의 제주 방언이다. 또한 청갓은 똘갓이라고도 한다. 똘갓은 저절로 들에서 자라는 갓을 말하는데 12월부터 2월 말까지 많이 자라난다. 제주 토종 갓은 특유의 향이 강하고 질겨 호불호가 갈리지만, 항암 성분인 시니그린과 단백질, 칼슘, 칼륨 등 무기물 함량이 다른 산지의 갓보다 풍부한 것으로 알려져 있다.

김치 생각 우리 어렸을 때는 과수원 돌담가에 달래도 자라고, 똘갓도 자랐다. 어머니는 갓이 자라면, 한 구덕(바구니) 가져와 잘 먹지도 않는 김치를 담아 두었다가 갓김치가 곰삭으면 돼지고기를 껍데기째 숭숭 썰어 넣고 찌개를 끓여 주셨다. 곰삭은 갓김치로 끓인 갓돈찌개는 생각만 해도 침이 고인다.

깻잎김치

재료 깻잎 400g(소금 80g, 물 500ml), 당근 50g, 대파 30g, 부추 10g, 홍고추 20g

양념 자리젓 달인 국물 50g, 빽빽이젓 50g, 씨 고춧가루 10g, 다진 마늘 5g, 뎅유지청 100g, 물엿 10g, 통깨 5g

담그는 법
1. 깻잎은 소금물에 30분간 절인 뒤 건져 둔다.
2. 당근, 대파는 4㎝ 길이로 가늘게 채를 썰고, 부추는 4㎝ 길이로, 홍고추는 어슷어슷하게 썰어 둔다.
3. 양념 재료를 모두 섞은 후에 당근, 대파, 부추, 홍고추를 넣어 맛이 어우러지게 한다(뎅유지청은 뎅유지, 설탕, 매실청을 순서대로 1 : 0.5 : 0.5의 비율로 버무려 6개월 이상 숙성시킨 후 사용한다).
4. 깻잎 2, 3장을 겹쳐 용기에 담은 후에 양념장 얹기를 반복하여 깻잎김치를 완성한다.

김치 생각 깻잎은 과수원 돌담가에서도 자랐는데, 길가에서 저절로 자란 깻잎을 똘깻잎이라고 했다. 어머니가 만들어 주신 깻잎김치는 정말 맛있었다. 특히 여름이면 깻잎을 쪄서 보리밥 위에 얹어 먹었는데, 깻잎을 쪄낼 때 나는 향을 잊을 수가 없다. 그래서 지금도 여름이 되면 깻잎을 쪄서 밥에 올려 먹고는 한다.

퍼데기김치

재료   퍼데기배추 10포기(소금 100g), 쪽파 20g, 대파 20g

양념   메밀풀 400g, 멸치육젓 180g, 자리젓 200g, 씨 고춧가루 20g, 굵은 고춧가루 70g, 다진 마늘 100g, 다진 생강 30g

담그는 법

1. 퍼데기배추는 굵은소금으로 1~2시간 정도 절여 숨이 죽으면 소쿠리에 건져 둔다.
2. 쪽파는 5㎝ 길이로 썰고, 대파는 어슷어슷 썰어 둔다.
3. 멸치육젓과 자리젓을 곱게 다진 뒤 남은 양념류를 모두 더하여 소를 만든다.
4. 퍼데기배추의 이파리 사이사이에 소를 채워 완성한다.

더 알아보기   퍼데기김치는 속이 차지 않은 퍼데기배추를 통째로 담은 김치를 말한다. 가을에 파종한 배추가 입동 무렵부터 속이 차지 않고 잎들이 펼쳐지는 모양을 제주말로 "퍼데기지다"라고 하며 그러한 배추를 퍼데기배추라고 하는데, 육지의 봄동과는 품종이 달라서 모양이 조금 다르다. 제주 토종 배추로 알려진 구억배추와 비슷한 모양이어서 같은 품종으로 보는 견해도 있다.

김치 생각   제주의 퍼데기배추는 요즘 개량된 연한 배추와는 달리 질기다. 우리 어렸을 때 제주에서는 화장실이 돌담으로 둘러 싸여 있었다. 돌담 안에는 돼지가 있고, 돌담 밖에는 저절로 자란 퍼데기배추가 있었다. 노지에서 추위를 이겨 낸 퍼데기배추는 하얀 속대가 없어서 시퍼런 색이었다. 우리는 이것을 겨우내 아껴, 동지가 올라올 때까지 기다렸다가 김치를 담아 먹었다. 이 납작한 배추김치가 당시엔 얼마나 맛있었는지 모른다.

메밀죽백김치

재료 배추 1/2포기(소금 100g, 물 1,000ml), 당근 50g, 풋마늘 35g, 대파 30g, 홍고추 35g, 미나리 10g, 귤 1개

양념 메밀죽 200g, 새우젓(육젓) 10g, 다진 마늘 10g, 다진 생강 20g, 다진 양파 50g, 설탕 10g

국물 제주돌게 1마리, 양파 50g, 무 50g, 물 1,000ml

담그는 법
1. 배추는 4등분하여 18시간 이상 절인 후 씻어 건져 둔다.
2. 냄비에 제주돌게와 양파, 무를 넣고 푹 끓여 육수를 만들어 둔다.
3. 당근과 풋마늘, 대파, 홍고추, 미나리는 5㎝ 길이로 고운 채를 썰어 둔다.
4. 귤은 위아래의 껍질 부분을 잘라 내고 세로로 2등분하여 0.5㎝ 두께로 나박나박 반달 모양으로 썰어 둔다.
5. 메밀 알갱이가 보일 정도로 메밀죽을 쑤고 분량의 양념류와 채 썬 재료를 모두 고루 섞어 백김치 소를 만들어 둔다.
6. 절인 배춧잎 갈피에 소를 켜켜이 넣고 육수를 부어 완성한다.

패마농김치 파김치

재료 쪽파 600g

양념 메밀풀 50g, 보리죽 50g, 멸치육젓 15g, 자리젓 달인 국물 15ml, 씨 고춧가루 15g, 굵은 고춧가루 20g, 다진 마늘 3g, 다진 생강 5g

담그는 법

1. 쪽파는 다듬어 씻어 둔다.
2. 메밀풀과 보리죽에 분량의 양념류를 모두 섞은 뒤 쪽파를 버무려 완성한다.

더 알아보기 패마농은 파의 제주 방언으로 보통 쪽파를 이른다. 제주 사람들은 파김치를 패마농짐치라 한다.

세우리김치 부추김치

재료	부추 400g(소금 20g)
양념	멸치육젓 50g, 자리젓 30g, 빽빽이젓 30g, 씨 고춧가루 8g, 굵은 고춧가루 12g, 다진 마늘 30g, 다진 생강 20g, 물엿 20g

담그는 법

1. 자리젓, 멸치육젓을 곱게 다진 후 나머지의 양념을 더해서 고루 섞어 둔다.
2. 30분간 절인 부추에 양념을 더해 버무려 완성한다.

더 알아보기 세우리는 부추의 제주 방언으로 제주에서는 부추김치를 세우리짐치 또는 세우리짐끼라고 한다.

동지김치 배추꽃대김치

재료 동지 1.3kg(소금 80g), 쪽파 130g, 홍고추 2개

양념 차조죽 400g, 멸치육젓 180g, 자리젓 150g, 씨 고춧가루 30g, 굵은 고춧가루 40g, 다진 마늘 40g, 다진 생강 30g, 설탕 30g, 물엿 75g

담그는 법
1. 동지는 줄기 밑동에 십자로 칼집을 넣어 1~2시간 정도 절여 둔다.
2. 멸치육젓과 자리젓은 곱게 다지고, 쪽파는 5㎝ 길이로 썬다.
3. 홍고추 2개는 동글동글 썰어 둔다.
4. 분량의 양념을 고루 섞어 절인 동지잎의 갈피에 넣고, 홍고추를 고명으로 얹어 완성한다.

김치 생각 제주에서는 배추에 올라온 꽃대를 동지라 부른다. 겨울에서 봄으로 계절이 지나는 때에만 먹을 수 있는데, 먹을 게 없던 시절 나는 추운 칼바람을 맞으면서도 배추에 꽃대가 올라왔는지를 보러 매일 밭으로 나갔다. 꽃대가 올라와야 어머니가 동지김치를 해 주셨기 때문이다. 동지김치는 폭 익혀 새콤해질 때쯤 먹었다. 더 폭삭 익으면 지져서도 먹었다. 나는 가끔 젊은 어머니를 생각한다. 삭은 김치를 지져서라도 자식들에게 맛난 것을 먹이고 싶었던 내 어머니. 이토록 좋은 세상을 못 누리고 이토록 멋진 식사 한 번 못 하시고 간 내 어머니. 이 순간이 얼마나 소중하고 행복한지, 사람들은 얼마나 느끼고 살까. 나는 그게 참 궁금하다.

보리죽차마기김치 열무김치

재료   열무 700g(소금 50g), 쪽파 70g, 홍고추 2개
양념   보리죽 450g, 자리젓 달인 국물 70ml, 다진 마늘 50g, 다진 생강 30g, 다진 양파 60g, 소금 30g, 설탕 40g, 물 500ml

담그는 법
1. 열무는 통째로 깨끗이 다듬어 길이로 2등분하고, 2시간 동안 절인 후 보리죽을 먼저 넣어 섞어 준다.
2. 홍고추 2개는 어슷어슷 썰어 둔다.
3. 양념을 모두 섞어 절인 열무에 넣고, 자르지 않은 쪽파도 함께 넣어 버무린 뒤 물 500ml을 더해 기호에 맞게 간을 맞춘다.

더 알아보기   차마기는 열무 또는 무청의 제주 방언이다. 남삐썹, 차마귓나물, 차마기나물 등으로 불리기도 한다.

브로콜리김치

재료 브로콜리 500g(소금 60g, 물 200ml), 쪽파 10g
양념 보리죽 100g, 새우젓 20g, 굵은 고춧가루 15g, 고운 고춧가루 10g, 다진 마늘 30g, 다진 생강 20g, 다진 양파 20g, 설탕 13g, 물엿 25g

담그는 법
1. 브로콜리는 길게 반으로 썰어서 소금물로 2시간 정도 절여 둔다.
2. 쪽파는 10㎝ 길이로 썰어 둔다.
3. 절인 브로콜리에 분량의 양념 재료를 모두 버무려 완성한다.

김치 생각 제주의 브로콜리는 연하다. 밑동이 생기지 않은 갓 자란 브로콜리는 이파리째 쓸 수 있다. 그렇게 줄기를 잘라 내고 브로콜리의 맛있는 잎만 따서 김치를 담그면 별미로 즐기기에 좋다.

구억배추김치

재료	구억배추 5포기(소금 60g, 물 600ml)
양념	메밀풀 220g, 보리죽 20g, 멸치육젓 10g, 자리젓 달인 국물 20ml, 씨 고춧가루 10g, 다진 마늘 10g, 다진 생강 5g, 다진 양파 5g, 조청 20g

담그는 법

1. 구억배추를 소금물에 2~3시간 절여서 소쿠리에 건져 둔다.
2. 분량의 양념 재료들을 섞어 소를 만들어 둔다.
3. 절인 구억배춧잎 갈피에 만들어 둔 소를 고르게 퍼 넣어 완성한다.

더 알아보기

구억배추는 반결구 품종의 배추로 제주도에서 60여 년 전부터 재배되어 온 것으로 알려져 있다. 일부러 심지 않아도 씨가 여기저기 떨어져 매년 볼 수 있던 배추다. 2008년 안완식 박사와 '씨드림' 토종 수집단이 제주도 서귀포시 대정읍 구억마을에서 종자를 수집한 뒤 토종운동 조직을 통해 전국적으로 많이 보급되었다. 형질이 고정되지 않아 다양한 형태로 나타나는데 속이 꽉 차지 않고 대체로 잎줄기가 길고 맛은 고소하면서 약간 쌉쌀하다.

제주 짐치? 제주 김치?

김치는 침채沈菜의 중세 이전 발음인 딤채가 짐채, 짐치를 거쳐 김치로 변화하여 정착된 명칭이다. 김치라는 명칭은 17세기를 전후하여 사용하기 시작한 것으로 알려져 있으며 구개음화의 과도 교정을 통해 짐치가 김치로 바뀐 것이다. 그 이후 해방 무렵까지만 해도 전국 대부분 지역에서 짐치와 김치를 혼용하다가 20세기 들어 서울을 시작으로 전국에 김치라는 명칭이 일반적으로 쓰이기 시작하였다. 제주도 및 전라도와 경상도의 일부 지역에서는 여전히 짐치라고 부른다.

딤채를 한자로 '沈菜(침채)'라고 표기하므로 중국에서 원래 사용하던 단어로 잘못 알고 있는 경우가 많지만, 이 '沈菜'라는 한자 단어는 중국과 일본의 어떤 기록에서도 찾아볼 수 없는 낱말로 우리나라에서 만들어 쓴 고유 한자 단어다. 한글이 만들어지기 전, 채소를 절여 만든 우리 고유의 음식을 한자로 표기하기 위해 선조들이 독자적으로 만든 향찰식 표기라는 것이 학계의 정설이다.

PART 2

한라산과

오름이 준 김치

JEJU KIMCHI

CHAPTER 1

산야초 김치

돌미나리김치

갯기름나물김치

돌나물물김치

유채꽃물김치

꿩마농김치

조선오이꿩마농김치

돌미나리김치

재료 돌미나리 200g(소금 15g), 홍고추 30g, 부추 20g, 쪽파 20g

국물 메밀풀 500g, 고운 고춧가루 20g, 다진 마늘 50g, 다진 생강 60g, 다진 양파 100g, 설탕 20g, 꽃소금 50g, 물 500ml

담그는 법
1. 돌미나리는 소금으로 30분~1시간 정도 절여 둔다.
2. 홍고추는 씨를 빼고 어슷어슷 썰고, 부추와 쪽파는 4cm 길이로 썰어 둔다.
3. 국물의 재료는 고루 섞어 베보자기에 걸러 둔다.
4. 절여 둔 돌미나리에 국물을 부어 완성한다.

갯기름나물김치 방풍잎김치

재료 방풍잎 180g(소금 15g), 대파 흰 부분 10g, 홍고추 5g
양념 메밀풀 90g, 멸치육젓 5g, 굵은 고춧가루 10g, 다진 마늘 10g, 다진 생강 3g, 다진 양파 18g, 설탕 5g, 소금 1g

담그는 법
1. 방풍잎은 깨끗이 씻은 뒤 소금을 뿌려 30분~1시간 정도 절여 둔다.
2. 대파 흰 부분과 홍고추는 5㎝ 길이로 가늘게 채 썰어 둔다.
3. 메밀풀에 분량의 양념을 모두 섞어서 절인 방풍잎을 넣어 고루 버무리고 대파 채와 홍고추 채를 섞어 완성한다.

김치 생각 방풍防風은 바닷가에 저절로 자라나는 나물이다. 어린 마음에는 제주도의 바닷바람을 맞고 자라 방풍이라는 이름이 붙은 거라고 생각했는데 나중에 어머니에게 여쭤보니 중풍을 예방한다고 하여 방풍이라고 하셨다.

돌나물물김치

재료　돌나물 100g(소금 3g, 설탕 3g), 오이 30g(소금 2g), 쪽파 5g, 홍고추 5g
국물　메밀풀 50g, 고춧물 200ml, 다진 마늘, 소금 2g, 설탕 4g

담그는 법
1. 깨끗이 씻은 돌나물은 소금과 설탕을 넣고 30분간 절여 둔다.
2. 오이는 길이로 반을 갈라 씨를 긁어내고 어슷어슷 썬 뒤 소금에 30분간 살짝 절여 짜 둔다.
3. 쪽파는 3㎝ 길이로 썰고, 홍고추는 씨를 빼고 동글동글 썰어 둔다.
4. 국물 재료들을 더한 다음 베보자기에 걸러 국물을 만들어 둔다.
5. 절여 둔 돌나물에 오이, 쪽파, 홍고추를 더하고 국물을 부어 완성한다.

유채꽃물김치

재료 유채 200g(소금 10g, 설탕 5g), 사과 50g, 홍피망 25g, 쪽파 5g
국물 메밀풀 70g, 고춧물 800ml

담그는 법

1. 유채는 꽃이 활짝 피기 전 꽃망울이 맺힌 걸로 준비해서 소금과 설탕으로 30분~1시간 정도 절여 가볍게 짜 둔다.
2. 사과는 껍질째로 나박나박 썰어 두고, 홍파프리카는 가늘게 채를 썰어 둔다.
3. 쪽파는 4cm 길이로 썰어 둔다.
4. 메밀풀과 고춧물을 더한 뒤 베보자기에 걸러 국물을 만들어 둔다.
5. 유채에 사과, 홍파프리카, 쪽파를 더하고 국물을 부어 완성한다.

꿩마농김치 달래김치

재료 달래 280g(소금 14g)

양념 진간장 50g, 씨 고춧가루 10g, 굵은 고춧가루 20g, 다진 마늘 10g, 다진 생강 15g, 물엿 25g

담그는 법
1. 달래는 다듬고 깨끗이 씻어 30분간 절인 후 소쿠리에 건져 둔다.
2. 양념의 재료를 모두 섞은 후에 달래를 버무려 완성한다.

더 알아보기 꿩마농은 달래의 제주 방언이다. 마농이 마늘을 이르는 제주말이니 꿩이 먹는 마늘이라는 뜻을 가진 이름이다. 한편으로는 꿩이 달래 씨를 물어다 줘야 야생에서 저절로 달래가 자라게 된다고 하여 그렇게 불렀다는 설도 있다. 제주의 산과 들에는 야생 달래가 지천이어서 예로부터 다양한 음식에 이용되었다.

김치 생각 꿩마농 하면 생각나는 추억이 있다. 겨울의 끝자락, 2월쯤이면 과수원 가장자리에 달래가 싹이 터서 연한 색으로 올라온다. 그러면 친구와 과수원 돌담을 넙죽넙죽 뛰어넘어 꿩마농을 캐러 가곤 했다. 난 그때도 욕심이 많아서 큰 꿩마농밭을 만나면 겉옷을 얼른 벗어 밭을 덮어 친구가 못 보게 감추곤 했다.

조선오이꿩마농김치 조선오이달래김치

재료 오이 1kg(소금 80g), 부추 100g, 달래 100g, 당근 100g, 쪽파 50g

양념 기장풀 200g, 새우젓 70g, 빽빽이젓 40g, 굵은 고춧가루 70g, 다진 마늘 30g, 다진 양파 70g, 다진 생강 5g, 소금 10g, 설탕 5g, 조청 20g

담그는 법

1. 오이는 일자로 칼집을 넣고 소금에 4시간 정도 절인 뒤 물기를 빼 둔다.
2. 부추, 달래, 당근, 쪽파는 5㎝ 길이로 가늘게 채 썬다.
3. 양념의 재료를 모두 섞은 후에 썬 부추, 달래, 당근, 쪽파를 넣어 소를 만든다.
4. 물기를 빼 둔 오이에 소를 채워 넣어 완성한다.

CHAPTER 2

과일 김치

뎅유지물김치

밀감김치

유채밀감겉절이

꿩마농사과겉절이

뎅유지물김치 당유자물김치

재료 무 500g(소금 20g, 물 600ml), 오이 30g, 배 60g, 사과 30g, 금귤 40g, 부추 20g, 미나리 15g

국물 뎅유지청 500g, 다진 마늘 5g, 다진 생강 40g, 다진 양파 20g, 소금 15g, 물 800ml

담그는 법

1. 무는 반달 모양으로 도톰하게 썬 다음 소금 20g을 더해 비벼 1시간 정도 두었다가 물 600ml을 더한다.
2. 오이는 길이로 반을 갈라 씨를 긁어내고 어슷어슷 썰어 둔다.
3. 배는 껍질과 씨를 제거하고 나박나박 썰어 둔다.
4. 사과는 씨만 제거하고 반달 모양으로 나박나박 썰어 둔다.
5. 금귤은 4등분하여 썰고, 부추와 미나리는 3㎝ 길이로 썰어 둔다.
6. 국물의 재료를 분량대로 섞고 블렌더에 곱게 갈아 베보자기에 걸러 짜 둔다.
7. 준비한 재료를 모두 섞고 국물을 부어 완성한다.

밀감김치

재료 배추 1/2포기(소금 100g, 물 1,000ml), 밀감 1개, 배 30g, 쪽파 30g
양념 메밀풀 50g, 새우젓 40g, 빽빽이젓 30g, 굵은 고춧가루 25g, 다진 마늘 10g, 다진 생강 9g, 설탕 6g

담그는 법
1. 배추는 반으로 잘라 소금물에 18시간 정도 절인 후 맑은 물에 헹궈 건져 둔다.
2. 밀감은 위아래의 껍질 부분을 잘라 내고 세로로 2등분하여 얇게 반달썰기를 해 둔다.
3. 배는 얄팍하게 썰고, 쪽파는 5㎝ 길이로 썰어 둔다.
4. 분량의 양념들을 고루 섞고 밀감과 쪽파, 배를 더해서 버무려 김칫소를 만들어 둔다.
5. 절인 통배춧잎의 갈피에 만들어 둔 김칫소를 고르게 퍼 넣어 완성한다.

김치 생각 일본어라는 것은 알지만 밀감은 '미깡'이라고 해야 어릴 때의 그 맛이 나는 것 같다. 어린 시절에 동홍리는 보이는 모든 곳이 미깡밭이었다. 사월이면 미깡밭의 거름으로 온 동네에 똥 냄새가 풍겼고, 오뉴월이면 흐드러지게 핀 미깡꽃으로 온 섬에 꽃향기가 가득했다. 이때만 해도 귀해서 함부로 먹을 수가 없었는데 이제는 풍년으로 흔해져 남는 밀감을 처리하기가 힘들다고 하니 격세지감이다.

유채밀감겉절이

재료 유채 200g(소금 10g), 밀감 1개(70g), 홍고추 20g, 홍피망 30g, 통깨 4g
양념 멸치육젓 80g, 씨 고춧가루 7g, 굵은 고춧가루 10g, 다진 마늘 15g, 다진 생강 10g, 물엿 20g

담그는 법
1. 유채는 소금으로 버무려 2시간 정도 절여 둔다.
2. 밀감은 위아래의 껍질 부분을 잘라 내고, 반달 모양으로 썰어 둔다.
3. 홍고추는 반으로 갈라 씨를 빼고 반원 모양으로 썰어 둔다.
4. 홍피망은 반을 갈라 씨를 빼고 채를 썰어 둔다.
5. 멸치육젓은 거칠게 다진 뒤 씨 고춧가루, 굵은 고춧가루, 다진 마늘, 다진 생강, 물엿과 섞어 양념을 만들어 둔다.
6. 준비된 양념에 손질한 재료를 모두 버무리고 통깨를 더해 완성한다.

김치 생각 유채는 겨울의 끝자락에 구할 수 있고, 밀감도 겨울이 깊어져 갈수록 더 맛이 드니 참 잘 어울리는 재료다. 언젠가 제주의 특산물인 이 둘을 함께 넣고 김치를 만들어야지 생각해 보았는데, 막상 버무려 먹어 보니 생각보다 더 맛있어 깜짝 놀랐다.

꿩마농사과겉절이 달래사과겉절이

재료   달래 200g(소금 10g), 사과 90g, 통깨 5g

양념   메밀풀 95g, 멸치액젓 15g, 빽빽이젓 80g, 씨 고춧가루 14g, 굵은 고춧가루 20g, 다진 마늘 10g, 다진 생강 20g, 물엿 30g

담그는 법

1. 달래는 다듬어 깨끗이 씻어 30분~1시간 정도 절인 후 소쿠리에 건져 둔다.
2. 사과는 껍질째 반달 모양으로 썰어 둔다.
3. 양념류를 모두 섞어서 달래와 사과를 버무린 후 통깨를 뿌려 완성한다.

김치 맛내기 비결

- 3년에서 5년 정도 간수를 뺀 소금이 좋다. 간수가 잘 빠진 소금은 보송보송하게 잘 말라 쓴맛이 없고, 단맛이 난다.
- 부재료를 손질할 때 기계로 갈기보다 절구로 찧거나 칼로 썰고, 손으로 찢으면 더 깊은 맛이 난다. 조직의 결이 살기 때문이다.
- 저장할 때 김치가 공기와 직접 닿지 않도록 하는 것이 중요하다. 겉잎이나 얇게 썬 무를 남겨 두었다가 김치 위에 덮어 주면 맛 국물이 새지 않고 더 맛있게 숙성된다. 무를 함께 넣어 주면 더욱 시원한 맛이 난다.
- 김치를 먹는 시기에 따라 간을 달리한다. 바로 먹을 김치와 오래 보관할 김치의 간은 서로 달라야 한다. 바로 먹을 김치에는 다양한 해물을 넣어 샐러드처럼 신선하고 맛있게 즐길 수 있으며, 오래 두고 먹을 김치는 간을 좀 더 강하게 하고, 생선도 염장하여 함께 저장한다. 오래 저장할수록 삼투압 현상에 따라 생선의 액즙이 빠져나온다.
- 젓은 두 가지로 방식으로 사용할 수 있다. 잘 달인 후 체에 받쳐 맑은 국물만 쓰기도 하고, 생젓을 쓰기도 한다. 번거롭더라도 굳이 젓갈을 달여 맑은 젓국을 내리는 이유는 더욱 깔끔한 맛을 내기 위해서다. 이렇게 젓갈을 쓰면 비린내에 예민한 사람도 맛있게 먹을 수 있고, 김치를 오래 두어도 맛이 쉽게 변하지 않는다. 한편 생젓을 그대로 쓸 때는 젓갈 본연의 풍부한 식감을 즐기기 위해서다.
- 다양한 과일류를 잘 쓰면 김치의 맛이 더 다채로워진다. 껍질째 과일을 넣으면 보기에도 좋고, 설탕을 쓰지 않아도 과일 본연의 풍부한 단맛이 나고 식감을 자극한다.
- 김치의 숙성을 돕는 것은 전분류로, 저가의 김치에는 밀가루풀을 쓰는 사람들도 있다. 나는 찹쌀풀을 가장 선호하지만, 제주의 김치를 담글 때는 옛날 방식 그대로 메밀풀이나 보리죽을 쑤었다. 예전에 잡곡이 더 귀할 때는 보리밥이나 잡곡밥을 절구에 갈아 쓰기도 했다.

PART 3

제주 바당이 준

김치

JEJU KIMCHI

CHAPTER 1

생선 김치

옛날조기김치

갈치김치

자리물김치

멜김치

제주문어김치

해산물복주머니김치

옛날조기김치

재료 배추 1/2포기(소금 100g, 물 1,000ml), 무 300g(소금 20g), 쪽파 20g, 미나리 20g, 갓 20g, 조기 살 250g(굵은 고춧가루 10g, 다진 마늘 30g, 다진 생강 10g, 소금 5g)

양념 보리죽 100g, 멸치육젓 100g, 조기 육수 100g, 씨 고춧가루 20g, 굵은 고춧가루 30g, 다진 마늘 20g, 다진 생강 5g

담그는 법

1. 배추는 반으로 잘라 18시간 정도 절인 후 맑은 물에 헹궈 건져 둔다.
2. 무는 모양을 살려 0.3㎝ 두께로 동그랗게 편으로 썬 뒤 소금에 3시간 정도 절여 건져 둔다.
3. 쪽파와 미나리, 갓은 5㎝ 길이로 썰어 둔다.
4. 조기는 살만 저며 고춧가루와 마늘, 생강, 소금으로 버무려 두고, 나머지 대가리와 뼈는 물을 넣고 푹 끓여 걸러 육수를 만들어 식혀 둔다.
5. 분량의 양념들을 고루 섞고 준비한 쪽파, 미나리, 갓, 절인 무 편, 양념한 조기 살을 더해 버무려서 김칫소를 만들어 둔다.
6. 절인 배춧잎의 갈피에 김칫소를 고르게 펴 넣는다. 무 편으로 김치의 전체를 홑이불처럼 덮어 항아리에 차곡차곡 넣어 완성한다.

김치 생각 우리 회사 김치 중 가장 널리 입소문을 탄 것은 조기김치다. JTBC와 EBS의 다큐멘터리에도 소개되었다. 바로 이 조기김치가 제주와 흑산도 우리 집의 내림 김치다. 제주 바다와 흑산도에서 조기가 많이 잡히던 시절이었다. 우리 집은 양반가임을 강조하고 살아서 가세가 기울어 가난했을 때조차 어머니는 매끼니 정갈하게 식사를 준비했다. 그런 몸가짐을 보고 자라서일까. 나 역시 공장을 뛰어다니며 가장 바쁠 때조차 온 정성을 들여 음식을 만들어 마음을 채우는 한 끼를 먹는다.

갈치김치

재료 배추 1/2포기(소금 100g, 물 1,000ml), 무 200g, 갈치 살 200g, 쪽파 20g
갈치 양념 씨 고춧가루 10g, 소금 5g, 다진 마늘 30g, 다진 생강 15g
김치 양념 보리죽 60g, 차조죽 60g, 새우젓(육젓) 70g, 갈치속젓 30g, 빽빽이젓 20g, 씨 고춧가루 20g, 굵은 고춧가루 30g, 간 무 80g

담그는 법
1. 배추는 반으로 잘라 18시간 정도 절인 후 맑은 물에 헹궈 건져 둔다.
2. 무는 2㎝ 두께의 반달 모양으로 썰어 둔다.
3. 갈치는 포를 떠서 분량의 양념으로 밑간을 한 뒤 하루 정도 숙성을 시켜 둔다.
4. 쪽파는 5㎝ 길이로 썰어 둔다.
5. 분량의 양념들을 고루 섞고 쪽파와 반달 모양으로 썬 무를 더해 김칫소를 만들어 둔다.
6. 배춧잎의 갈피에 김칫소와 양념해 둔 갈치 살을 잘 어울리게 채워 넣어 완성한다.

자리물김치

재료 자리돔 5마리(다듬어서 170g), 무 100g, 배 80g, 당근 30g, 양파 80g, 쪽파 10g, 미나리 줄기 60g, 깻잎 50g, 제피잎 가루 3g

자리돔 양념 된장 10g, 씨 고춧가루 5g, 다진 마늘 7g, 다진 생강 2g, 설탕 10g, 식초 40g

국물 메밀풀 300g, 고운 고춧가루 15g, 소금 10g, 물 150ml

담그는 법

1. 자리돔은 비늘과 대가리, 내장, 지느러미를 제거하고 얇게 썬다.
2. 자리돔에 분량의 양념을 넣어 조물조물 무쳐 둔다.
3. 무와 배, 당근, 양파는 5㎝ 길이로 가늘게 채를 썰어 둔다.
4. 쪽파와 미나리 줄기는 5㎝ 길이로 썰고, 깻잎은 큼직하게 뜯어 둔다.
5. 국물의 재료를 고루 섞은 뒤 베보자기에 걸러 국물을 만들어 둔다.
6. 양념한 자리돔에 썬 재료들과 제피잎 가루를 넣고 만들어 둔 국물을 부어 완성한다.

더 알아보기 자리, 즉 자리돔은 도미의 일종으로 작고 까만 아열대성 어류다. 제주도 사면의 모든 바다에서 고루 잡히는데 특히 서귀포 외돌개에서 섶섬에 이르는 난류대에서 집중적으로 서식한다. 구이와 지짐, 회 등으로 먹으며 자리돔 젓갈은 제주도의 대표적인 향토 음식 중 하나다.

멜김치 멸치젓김치

재료 배추 1/2포기(소금 100g, 물 1,000ml), 무 150g(굵은 고춧가루 6g, 소금 4g), 쪽파 30g, 갓 60g

양념 보리죽 100g, 멸치육젓 100g, 빽빽이젓 15g, 씨 고춧가루 10g, 고운 고춧가루 20g, 다진 마늘 30g, 다진 생강 10g, 설탕 10g

담그는 법
1. 배추는 반으로 잘라 18시간 정도 절인 후 맑은 물에 헹궈 건져 둔다.
2. 무는 채를 썰어 굵은 고춧가루와 소금으로 1시간 정도 버무려 둔다.
3. 쪽파와 갓은 5㎝ 길이로 썰어 둔다.
4. 멜젓은 다지지 않고 그대로 사용한다.
5. 분량의 양념들을 고루 섞고 준비한 무채와 쪽파, 갓을 더해서 버무려 김칫소를 만든다.
6. 절인 배춧잎의 갈피에 만들어 둔 김칫소를 고르게 펴 넣어 완성한다.

더 알아보기 멜은 멸치의 제주 방언으로 제주 사람들은 여러 종의 멸치 중 비교적 큰 생멸치를 주로 먹어 왔다. 제주 추자도는 예로부터 멸치의 주 어장으로 잘 알려져 있다.

제주문어김치

재료 배추 1/2포기(소금 100g, 물 1,000ml), 무 250g(고운 고춧가루 10g, 소금 7g), 문어 20g, 쪽파 20g, 갓 20g, 배 30g

양념 차조죽 50g, 문어 데친 물 50ml, 새우젓 70g, 빽빽이젓 20g, 씨 고춧가루 35g, 굵은 고춧가루 25g, 다진 마늘 30g, 다진 생강 10g

담그는 법
1. 배추는 반으로 잘라 18시간 정도 절인 후 맑은 물에 헹궈 건져 둔다.
2. 무는 채를 썰어 고운 고춧가루와 소금으로 1시간 정도 버무려 둔다.
3. 문어는 살짝 데쳐서 다리만 송송 썰고 데친 물은 식혀 둔다.
4. 쪽파와 갓은 4cm 길이로 썰고 배는 얄팍하게 썰어 둔다.
5. 분량의 양념들을 고루 섞고 무채와 문어, 쪽파, 갓, 배를 더해서 버무려 김칫소를 만든다.
6. 절인 배춧잎의 갈피에 만들어 둔 김칫소를 고르게 펴 넣어 완성한다.

해산물복주머니김치

재료   배춧잎 10장(소금 40g), 해삼 20g, 문어 20g, 뿔소라 20g, 밤 10g, 미나리 줄기 10개

양념   멸치육젓 달인 국물 10ml, 굵은 고춧가루 20g, 다진 마늘 10g, 다진 생강 4g, 소금 4g, 설탕 5g, 송송 썬 쪽파 5g

국물   메밀풀 100g, 고운 고춧가루 10g, 소금 6g, 물 500ml

담그는 법

1. 배추는 상처 없이 넓은 잎을 선택하여 6시간 이상 절인 후 헹궈 건져 둔다.
2. 해삼은 내장을 손질한 뒤 얄팍하게 썰고, 문어는 데쳐서 다리만 송송 썰어 둔다.
3. 뿔소라는 살을 빼내어 박박 씻어 얄팍하게 썰고, 생밤은 나박나박 썰어 둔다.
4. 미나리는 잎을 떼어 내 줄기만 끓는 소금물에 데친 뒤 냉수에 헹궈 둔다.
5. 분량의 양념들을 고루 섞고 손질한 해삼, 문어, 뿔소라, 생밤을 넣어 버무려 맛을 낸다.
6. 국물의 재료들은 섞어서 베보자기에 걸러 둔다.
7. 넓은 배춧잎 10장에 양념한 해산물을 나눠 놓고 복주머니처럼 싼 뒤 미나리로 묶어 그릇에 담고 국물을 부어 완성한다.

CHAPTER 2

해조와 패각류 김치

성게알김치

오분작겉절이

전복김치

뿔소라김치

몸김치

갱이김치

제주보말겉절이

성게알김치

재료 성게알 200g, 무 150g(소금 10g), 홍고추 1개, 쪽파 40g
양념 진간장 20g, 고운 고춧가루 17g, 다진 마늘 20g, 다진 생강 15g

담그는 법
1. 성게알은 싱싱한 것으로 준비해 둔다.
2. 무는 1.5×2㎝ 크기로 나박나박 썰어 소금으로 3시간 정도 절인 뒤 꼭 짜 둔다.
3. 홍고추는 씨를 빼고 동글동글 얇게 썰고 쪽파는 송송 썰어 둔다.
4. 성게알과 절인 무를 분량의 양념으로 무친 후에 홍고추와 쪽파를 더해 완성한다.

오분작겉절이 떡조개겉절이

재료 오분작 70g, 배추속대 350g(소금 30g), 쪽파 40g, 홍고추 1/3개

양념 보리죽 60g, 멸치육젓 달인 국물 10ml, 자리젓 달인 국물 10ml, 새우젓 5g, 씨 고춧가루 8g, 굵은 고춧가루 14g, 다진 마늘 20g, 다진 생강 10g, 설탕 3g

담그는 법

1. 오분작(오분자기, 떡조개)은 깨끗이 씻어 껍질을 제거한다. 성성한 오분작은 내장도 사용한다.
2. 노란 배추속대는 소금물에 6시간 이상 절여 씻은 뒤 큼직하게 찢어 둔다.
3. 쪽파는 5㎝ 길이로 썰고, 홍고추는 씨를 빼고 곱게 채를 썰어 둔다.
4. 분량의 양념을 모두 섞고 오분작, 배추속대, 쪽파, 홍고추와 버무려 완성한다.

전복김치

재료 배추 1/2포기(소금 100g, 물 1,000ml), 무채 160g(고운 고춧가루 5g, 소금 4g), 반달 썰기 무 100g(소금 10g), 전복 55g, 쪽파 20g

양념 차조죽 60g, 새우젓 80g, 멸치육젓 60g, 씨 고춧가루 10g, 굵은 고춧가루 50g, 다진 마늘 10g, 다진 생강 5g, 굵은소금 5g, 설탕 8g

담그는 법

1. 배추는 반으로 잘라 18시간 이상 절인 후 맑은 물에 헹궈 건져 둔다.
2. 무 160g은 채를 썰어 고운 고춧가루와 소금으로 3시간 정도 버무려 두고, 무 100g은 반달 모양으로 얄팍하게 썰어 소금에 3시간 이상 절인 뒤 건져 둔다.
3. 전복은 신선한 것을 선택하여 깨끗이 손질한 뒤 모양을 살려 얄팍하게 썰고, 내장은 다져 둔다.
4. 쪽파는 5㎝ 길이로 썰어 두고, 멸치육젓의 멸치는 다져 둔다.
5. 분량의 양념들을 고루 섞고 준비한 무채와 반달 썬 무, 전복, 쪽파를 더해서 버무려 김칫소를 만든다.
6. 절인 배춧잎의 갈피에 만들어 둔 김칫소를 고르게 펴 넣어 완성한다.

뿔소라김치

재료 뿔소라 살 80g, 무 200g(소금 15g), 풋마늘 50g, 통깨 5g

양념 진간장 40g, 굵은 고춧가루 20g, 다진 마늘 5g, 다진 생강 3g, 설탕 8g, 물엿 20g

담그는 법
1. 뿔소라 살은 박박 씻어서 나박나박 썰어 둔다.
2. 무는 1.5×2㎝ 크기로 썰어서 소금으로 3시간 정도 절인 후 꼭 짜 둔다.
3. 풋마늘은 1㎝ 길이로 썰어 둔다.
4. 분량의 양념들을 고루 섞어 뿔소라와 절인 무, 풋마늘을 버무리고 통깨를 뿌려 완성한다.

몸김치 모자반김치

재료 몸 300g(소금 20g, 설탕 15g), 풋마늘 60g, 무 100g, 당근 20g, 홍고추 1개, 풋고추 1개

국물 메밀풀 200g, 갱이 육수 100ml(갱이 50g, 무 20g, 양파 20g, 물 200ml), 진간장 20g, 고운 고춧가루 10g, 다진 마늘 10g, 다진 생강 10g, 다진 양파 20g, 소금 20g, 설탕 15g

담그는 법
1. 몸은 끓는 물에 살짝 데쳐서 5㎝ 길이로 썰어 둔다.
2. 풋마늘과 무, 당근은 5㎝ 길이로 채를 썰어 둔다.
3. 홍고추와 풋고추는 씨를 빼고 어슷어슷 썰어 둔다.
4. 냉수에 손질한 갱이를 다져 넣고 무와 양파도 얇게 썰어 더해 끓여서 맛이 우러나면 식혀 둔다.
5. 국물의 양념들을 모두 섞어 베보자기에 걸러 둔다.
6. 몸에 썰어 놓은 재료들을 모두 더하고 국물을 부어 완성한다.

갱이김치 게김치

재료 배추 1/2포기(소금 100g, 물 1,000ml), 무 500g(소금 30g)

양념 보리죽 50g, 갱이젓 20g, 멸치육젓 10g, 씨 고춧가루 10g, 고운 고춧가루 15g, 다진 마늘 20g, 다진 생강 15g, 조청 20g, 간 무 150g, 풋마늘 20g

담그는 법

1. 배추는 반으로 잘라 18시간 정도 절인 후 맑은 물에 헹궈 건져 둔다.
2. 무 500g은 모양을 살려 동그랗게 3㎜ 두께의 편으로 썰어 소금에 2~3시간 정도 절여 둔다.
3. 양념에 들어가는 무는 강판에 갈아 두고, 풋마늘은 5㎝ 길이로 가늘게 채 썰어 둔다.
4. 갱이젓은 다진 뒤 분량의 양념들과 고루 섞어 김칫소를 만들어 둔다 (갱이젓은 갱이에 진간장을 부어 1년 이상 삭혀 만든다).
5. 절인 통배춧잎의 갈피에 만들어 둔 김칫소를 고르게 펴 넣는다.
6. 무 편으로 김치의 전체를 홑이불처럼 덮어 항아리에 차곡차곡 넣어 완성한다.

제주보말겉절이

재료 배추 1/2포기(소금 100g, 물 1,000ml), 미나리 10g, 보말 100g(굵은소금 40g)
양념 자리젓 달인 국물 10ml, 새우젓 5g, 씨 고춧가루 5g, 고운 고춧가루 5g, 다진 마늘 10g, 다진 생강 5g, 조청 15g

담그는 법

1. 배추는 반으로 잘라 18시간 이상 절인 후 맑은 물에 헹궈 건져 둔다.
2. 보말은 굵은소금을 더해 바락바락 비벼서 모래가 빠질 때까지 맑은 물로 여러 번 헹구고 체에 밭쳐 보말 살만 건져 둔다.
3. 절인 배추는 밑동을 잘라 맛있는 속잎만 골라 쓴다.
4. 미나리는 깨끗이 씻어서 손가락 세 마디 정도 길이로 잘라 둔다.
5. 분량의 양념에 씻은 보말을 넣어 양념장을 만든다.
6. 절인 배추와 미나리, 양념장을 따로 내어 보쌈처럼 찍어 먹거나 배춧잎에 싸 먹는다.

김치 생각 어릴 적 제주에는 물 맞는 날이 있었다. 백중날이다. 이날 물을 맞으면 피부병도 안 걸리고 건강하게 1년을 난다는 풍속이 있었다. 평소에 자식에게 주는 용돈은 쥐약과 같다는 지론이 있는 아버지도 이날만큼은 100원을 주셨다. 버스를 타고 바닷가에 가서 물을 맞고 오라는 뜻이었다. 나는 버스비를 아껴서 아이스케키를 사 먹기 위해 주전자를 들고 법환리 앞바다로 걸어갔다. 바다에서 물도 맞고 놀다가 까만 돌을 뒤집으면 보말, 오분자기, 소라가 바글바글했다. 주전자 한가득 해산물을 채워 십 리가 넘는 길을 걸어 집에 돌아오면 어머니는 보말을 바락바락 씻고 배추, 상추, 오이 등을 더해 겉절이를 해 주셨다. 이뿐이랴. 된장찌개에도 넣고, 보리수제비에도 넣었다. 보말만 있어도 한 상 배불리 먹을 수 있었다. 고 작은 보말들만 보면 아직까지도 마음이 흐뭇해지는 이유다.

제주 옹기와 김치

"옹기는 김치와 장류 등 한국 발효식품 탄생과 발전의 도구적 공헌자이다." 한국음식인문학연구원장 김홍렬 박사의 말 그대로 제주 김치 역시 제주의 옹기와 더불어 만들어지고 변화해 왔다. 겨울에도 기후가 온화하여 김장을 많이 할 필요가 없었으므로 대형 옹기에 김치를 저장할 일은 많지 않았지만 그래도 옹기는 김치와 장을 담는 제주 사람들에게 꼭 필요한 용기였다.

제주 숨 옹기박물관 강승철 관장은 "어머니께서 고팡에 놓인 큰 제주 항아리에 손수 담그신 집된장을 물에 풀어 오이를 무심하게 썰어 넣고 얼음을 띄워서 입맛을 돋우게 한 오이냉국이 가장 좋아하는 여름철 음식이다. 지금은 어머니가 계시진 않지만, 마지막으로 담가 놓고 가신 집된장과 제주 항아리가 무척이나 애착이 가는 건 어머니의 손맛을 잊지 못해서다"라고 제주 옹기에 얽힌 추억을 회상한다.

육지의 옹기들과는 달리 제주 옹기는 찰기 없는 제주도 화산토를 바탕으로 빚고 유약(잿물)을 바르지 않으며, 장작가마에서 1,200도 내외로 구울 때 나무의 재가 옹기의 표면에 입혀져 옹기의 색과 모양이 매우 독특하다. 이런 특징으로 인해 최근에는 옹기 고유의 용도보다 예술작품으로 고가에 거래되고 있기도 하다.

제주에서 옹기 문화를 대표하는 것은 뭐니뭐니 해도 허벅이다. 물을 길어 나르거나 죽, 술, 씨앗 등을 보관하거나 운반하는 항아리인 허벅은 제주의 환경에 최적화된 생활 도구였다. 지금은 예전처럼 옹기를 일상에서 사용하지 않지만 제주의 옹기 장인과 예술가들은 제주 옹기를 되살리고 활성화하기 위해 애쓰고 있다.

나오며

어느덧 육지에 나와 산 세월이 제주에서 산 세월을 한참 넘어섰지만, 제주는 여전히 내 마음의 고향이다.

아버지의 사업이 망하고 어머니는 큰 음식점을 운영했다. 어떻게든 아버지 사업을 이어 보려 한 어머니는 아득바득 돈을 벌어 사업 밑천을 댔지만 결국 음식 장사마저 실패하고 말았다. 집안은 풍비박산이 되고 배를 곯는 날도 있었다. 나는 어머니가 나물을 팔러 시장에 갈 때마다 졸졸 따라다녔는데, 자전거가 따르릉 소리를 내며 지나가면 깜짝 놀라 어머니의 치마폭에 숨곤 했다. 그때마다 어머니는 "아가, 무서운 건 자전거가 아니다. 정말 무서운 건 사람이다"라고 말씀하셨다. 지금 생각해 보면 그 시기에 어떤 일을 겪으셨기에 이해도 못 할 어린것에게 그런 말씀을 하셨을까 싶다. 어머니는 그렇게 힘든 시절에도 여기저기 자연에서 얻은 재료들을 이용해 7남매를 배불리 먹이려고 애를 쓰셨다.

대한민국에서 가장 높은 한라산과 수많은 오름, 비옥하고 물 빠짐 좋은 검은빛 화산토 대지, 그리고 깨끗하고 양양한 바다. 이렇게 제주도는 본토와는 다른 기후와 토양 환경을 가져서 식재료도 독특한 것이 많다. 그중 내가 살던 서귀포에는 감귤밭이 많았고 앞바다에는 전복, 꾸죽(뿔소라), 오분작, 보말, 갱이 등 온갖 맛있는 것들이 지천으로 있어 우리 가족은 참 행복한 시절을 보냈다. 어머니는 해산물들을 이용해 이런저런 반찬을 만들었는데, 그것들이 바로 내가 기억하는 제주 김치다. 우리 어머니뿐 아니라 제주의 모든 어멍과 할망들은 거친 조밥의 팍팍함을 달래거나 물질의 가쁜 숨을 삭이거나 손님맞이를 위해 제주의 식재료에 솜씨를 더해 독특한 모양과 색다른 맛의 김치를 담갔다.

제주도는 1946년까지만 해도 전라남도의 부속 도서였다. 그래서 음식 문화도 전라도의 영향을 많이 받았다. 특히 제주도에서 잘 나지 않는 고추와 고추장을 사용한 음식들은 대부분 전라도 음식에서 비롯된 것이라고 볼 수 있다. 1970년대에 들어 제주도에 입도하는 관광객과 이주민들이 폭발적으로 늘어나면서 제주 음식은 그 고유성을 점차 잃어 갔다. 물론 제주 음식이 지금처럼 다양해지는 계기가 되기도 했지만, 나는 아직도 어머니가 차려 주시던 삼삼한 맛의 제주 음식들이 그립다.

바느질하는 어머니 옆에서 풀 먹인 이불에 뒹굴던 그 시절. 다듬이 방망이질까지 마쳐 유난히도 사각거렸던 그 촉감. 하얀 명주 앞치마를 정갈하게 입으시던 어머니의 모습. 나그네에게 물 한 모금 대접함으로써 복을 지어 자식들 잘되라고 빌던 어머니의 마음. 없는 살림에도 베풀고 나누던 시절, 어머님이 보여 주시던 그 후덕함. 그것들이 지금 유난히도 그리운 것은 왜일까. 당신께서 지금 내 모습을 보신다면 뭐라고 하실까.

어린 시절과 어머니를 추억하면서 제주 김치의 고유성을 기록하고, 변화하는 제주 김치의 모습을 함께 보여 주기 위해 이 책을 써 내려갔다. 이 책이 제주 김치라는 토속 문화에 대한 이해를 높이는 것은 물론 민족 대표 음식인 김치의 다양성 확보라는 차원에서도 작은 보탬이 되었으면 한다. 어머니께서도 부디 뿌듯해하셨으면 좋겠다.

**도미술 박미희의 김치 이야기:
제주 김치**

1판 1쇄 발행 2024년 4월 15일
1판 2쇄 발행 2024년 4월 19일

지은이 박미희
펴낸이 이영혜
펴낸곳 ㈜디자인하우스

기획 김홍렬
사진 이동춘
요리협조 김경미
푸드스타일링 이향숙

책임편집 김선영
디자인 한정수, 김지선, 김혜진
교정교열 이진아
홍보마케팅 윤지호
영업 문상식 소은주
제작 정현석, 민나영
미디어사업부문장 김은령

출판등록 1977년 8월 19일 제2-208호
주소 서울시 중구 동호로 272
대표전화 02-2275-6151
영업부직통 02-2263-6900
대표메일 dhbooks@design.co.kr
인스타그램 instagram.com/dh_book
홈페이지 designhouse.co.kr

ⓒ박미희, 2024
ISBN 978-89-7041-788-2 13590

· 책값은 뒤표지에 있습니다.
· 이 책 내용의 일부 또는 전부를 재사용하려면 반드시 ㈜디자인하우스의 동의를 얻어야 합니다.
· 잘못 만들어진 책은 구입하신 서점에서 교환해 드립니다.

디자인하우스는 독자 여러분의 소중한 아이디어와 원고 투고를 기다리고 있습니다.
원고가 있으신 분은 dhbooks@design.co.kr로 개요와 기획 의도, 연락처 등을 보내 주세요.